NOTICE BIOGRAPHIQUE

SUR

M. L'ABBÉ JOUBERT

Vicaire-général de Mgr l'Évéque d'Angers

ANGERS, IMPRIMERIE DE COSNIER ET LACHÈSE.

NOTICE BIOGRAPHIQUE

SUR

M. L'ABBÉ JOUBERT

Vicaire-général de Mgr l'Évêque d'Angers

PAR

M. Ch. SAINTE-FOI

ANGERS

COSNIER ET LACHÈSE, IMPRIMEURS-LIBRAIRES

Chaussée Saint-Pierre, 13

1858

Avant de commencer cette courte notice sur M. l'abbé
Joubert, je tiens à prévenir une objection qui se pré-
sentera naturellement à l'esprit de plusieurs lecteurs.
On pourra croire qu'étant par alliance le neveu du
défunt, je n'ai point les conditions requises pour en
parler avec exactitude, et qu'il doit me manquer la
qualité la plus nécessaire pour un historien, je veux
dire l'impartialité.

Parmi ceux qui ont connu et aimé M. l'abbé Joubert,
il en est beaucoup, j'en conviens, qui auraient pu faire
ressortir mieux que je ne le ferai moi-même ses belles
qualités et ses vertus ; mais je ne crois pas malgré

cela me faire illusion, en pensant qu'il n'appartient à personne plus qu'à moi de raconter les traits principaux de cette belle vie. Et d'ailleurs, en le faisant, j'acquitte une dette d'amitié et de reconnaissance, j'obéis à un besoin de mon cœur, et je réponds à des invitations qui ont un poids considérable à mes yeux. Ces trois motifs me serviront d'excuse ou plutôt de recommandation auprès du lecteur: Au reste, comme ceux qui me liront ont connu celui dont je parle, ils jugeront si je me suis laissé entraîner par un sentiment de partialité, bien excusable d'ailleurs chez un ami.

M. l'abbé Joubert naquit à Doué, le jour de Noël 1794, au milieu des saturnales de la Révolution. Son père, honnête commerçant, en avait adopté les principes, mais dans la mesure où le firent beaucoup d'âmes honnêtes à cette époque. Il y avait vu le redressement des abus et des inégalités que l'on reprochait à l'ancien régime, et il s'y était attaché, comme à l'espoir d'un meilleur avenir. Loin d'en partager, ou même d'en approuver les excès, il avait plus d'une fois usé de son influence, pour recueillir et sauver des victimes dévouées à la mort ou à l'exil. Nous avons entendu nous-même la pieuse et respectable mère de l'un des prêtres les plus distingués de ce diocèse, par son intelligence et son grand cœur, Mme Fouré, raconter comment, amenée à Doué avec sa mère, pour être conduite de là en prison, et peut-être à l'échafaud, elle fut recueillie par M. Joubert père, qui exerçait à Doué la profession de tanneur. Je tiens à consigner ce fait comme un souvenir précieux pour la famille, et pour la mémoire du père de M. l'abbé Joubert.

Augustin Joubert montra, dès ses premières années,

le germe des qualités et des vertus qui l'ont fait aimer et estimer de tous ceux qui l'ont connu dans le cours de sa vie; et pour ne citer ici qu'un témoignage qui résume tous les autres, sa mère avait coutume de dire qu'elle n'avait jamais eu à lui reprocher une seule désobéissance, ni un seul mensonge. Cet éloge n'étonnera aucun de ses amis; et en se rappelant cette parole de M. de Maistre, que l'homme est toute sa vie ce qu'il a été sur les genoux de sa mère, ils reconnaîtront dans le petit Augustin, ce prêtre qui n'aurait jamais voulu trahir la vérité par le moindre équivoque, et pour qui un simple désir de ses supérieurs était un ordre, qu'il se serait reproché d'enfreindre. Au collége, il se fit également remarquer par sa docilité; et ses condisciples proclament unanimement, que non-seulement il n'était jamais puni, mais qu'il leur épargnait souvent les punitions dont ils étaient menacés, en leur passant les exemptions que lui avaient acquises son assiduité et son travail. Procédé touchant et instructif à la fois, bien propre à donner aux enfants une idée de la solidarité qui existe entre les hommes, et de la reversibilité des grâces et des mérites, sur laquelle repose en partie la société chrétienne.

Augustin Joubert, au sortir du collége de Doué, entra au séminaire d'Angers, en 1811, pour y faire sa philosophie. Ses parents voulaient l'envoyer au Lycée; mais M. Arnail, alors curé de Doué, qui avait reconnu dans ce jeune homme les signes d'une véritable vocation à l'état ecclésiastique, conseilla à son père de le mettre au séminaire, où sa vertu pourrait mieux se soutenir. Il y alla d'abord sans songer à être prêtre, mais seulement pour y faire son cours de philosophie. Il revint aux vacances, emportant le germe d'une vocation dont les signes étaient certains, pour tous ceux qui étaient accoutumés à porter un jugement en ces matières. Mais son humilité s'effrayait, sa conscience s'inquiétait; sa foi, déjà si vive, lui faisait considérer le sacerdoce comme une charge lourde à porter. Son père, homme positif, le pressait de prendre un parti. Mais il avait déjà cette prudence et cette maturité de jugement, qui l'ont toujours distingué depuis, et qui donnèrent à ses conseils et à sa direction tant de poids et d'autorité. Il n'embrassa point l'état ecclésiastique dans un élan d'enthousiasme, produit, douteux quelquefois, d'une ferveur passagère. Son esprit grave, posé et réfléchi, ne connaissait point ces élans que l'imagination suscite, et que le temps bien souvent ne tarde pas à démentir. Avant de prendre une décision, il consulta longtemps Dieu, les hommes qui dirigeaient sa conscience, et son propre cœur, et il répondait à ceux qui s'étonnaient de sa lenteur, qu'il voulait prendre son temps, que la chose valait bien la peine qu'on y réfléchît, qu'il ne voulait négliger aucun des moyens que conseille la prudence, dans une affaire aussi importante que celle du choix d'un état. Puis il ajoutait qu'une fois sa décision prise, elle serait irrévocable.

Cette assurance, qui aurait pu paraître téméraire dans un jeune homme de son âge, était chez lui très légitime; car il se connaissait assez déjà pour pouvoir sans orgueil répondre de lui dans l'avenir. Et c'est encore un trait saillant de son caractère. Avec des formes douces et modestes, et un extérieur timide et réservé, il avait une fermeté d'esprit, de cœur et de volonté, que rien ne pouvait ébranler. Son âme bonne et douce fléchissait un instant sous la pression des difficultés qui s'opposaient à ses desseins; mais celles-ci une fois écartées, sa volonté revenait à la charge, et poursuivait son but avec une force nouvelle. Il ne marchait ni par sauts ni par bonds, mais d'un pas lent et toujours sûr, sachant s'arrêter quand il le fallait devant l'obstacle, ou le tourner par un long circuit. Il réussissait presque toujours, par cette conduite prudente et réservée, à désarmer ou à lasser l'opposition la plus tenace, et il atteignait son but sans jamais le dépasser.

Après un examen long et sérieux, l'abbé Joubert crut voir que Dieu l'appelait à l'état ecclésiastique, et aussitôt il prit la résolution de répondre à cet appel, sans réserve et sans arrière-pensée. Après avoir achevé sa philosophie, il fut nommé répétiteur de ce cours, dont il fut plus tard professeur titulaire. C'était de la part de ses supérieurs, une distinction qui témoignait à la fois et de son talent et de la gravité de son caractère. Il fallait en effet l'un et l'autre pour ce genre de fonctions. La position d'un répétiteur de philosophie au séminaire était assez délicate. Chargé de donner des leçons à des condisciples, sur lesquels il n'avait aucune autorité, il avait à éviter une familiarité excessive, qui aurait fait dégénérer la leçon en jeu et en plaisanterie, et une gravité affectée, qui eût blessé ses condisciples, et l'eût rendu lui-même l'objet de leurs risées. L'abbé Joubert s'acquitta de sa charge de manière à contenter et ses condisciples et ses supérieurs, et c'est le témoignage que lui rendirent unanimement et les uns et les autres.

Il fit ses cours de théologie avec distinction, et montra dès cette époque cet esprit pénétrant, ce travail facile, ce bon sens, ce jugement sain et solide, qui ont fait de lui un des prêtres les plus distingués de ce diocèse. A cette époque, les Sulpiciens qui dirigeaient le séminaire d'Angers avaient été obligés, comme tous les membres de la compagnie, de se retirer, par suite d'un caprice de l'Empereur, qui n'avait pas trouvé dans cette société la docilité qu'il attendait. L'abbé Montalant fut choisi comme supérieur du séminaire d'Angers, et c'est lui qui dirigea les premiers pas de l'abbé Joubert dans la carrière ecclésiastique. Tous ceux qui ont pu connaître ce digne prêtre, se rappellent encore sa figure austère et vénérable, sa démarche grave et composée, tout cet extérieur enfin qui commandait le respect. L'abbé Joubert conserva toujours pour M. Montalant les sentiments de la vénération la plus profonde, et celui-ci eut à son tour pour son ancien élève une affection qui ne se démentit jamais.

Les élèves du séminaire avaient alors plus de liberté qu'ils n'en ont eu depuis : la règle était plus large, plus souple; les rapports entre les supérieurs et les séminaristes étaient plus familiers : la confiance l'emportait sur la crainte, et les jeunes gens voyaient dans les maîtres qui les dirigeaient des pères et des amis, à qui ils se montraient tels qu'ils étaient, sans prendre aucun soin de cacher les petits défauts, ou les imperfections de leur âge et de leur caractère. Si la régularité extérieure souffrait un peu de ce régime, s'il en résultait de temps en temps quelques abus, ces inconvénients étaient bien compensés par les heureux effets qu'il produisait. Les supérieurs, connaissant mieux les élèves, étaient moins exposés à se tromper, lorsqu'ils avaient à donner leur avis pour le choix des postes qu'on leur confiait plus tard. Il est difficile de connaître un jeune homme quand on ne le voit qu'à l'église, ou dans un cours, ou dans une récréation, pendant laquelle il est obligé de garder encore une gravité, qui lui impose une certaine contrainte. L'habitude de s'observer toujours, quand elle ne fausse pas tout à fait le caractère, lui donne je ne sais quoi de factice et de guindé, qui empêche d'en bien discerner les qualités et les défauts. Dans les jeux, au contraire, il est facile de connaître un homme. La nature s'y déploie dans toute son originalité, avec ce qu'elle a de bon, comme avec ses mauvais penchants. Pour un esprit attentif et accoutumé à observer les choses, quelques heures suffisent pour juger un homme, quand il joue. S'il est impatient et colère, s'il est menteur et cupide, s'il est orgueilleux ou entêté, tous ces défauts se trahiront infailliblement dans les vicissitudes qu'amène le jeu. Pour moi, je l'avoue franchement, si j'étais obligé de porter un jugement sur un homme, je voudrais auparavant le voir à table et au jeu, parce que c'est là que le naturel se révèle de la manière la plus complète. Et si quelqu'un a su acquérir assez d'empire sur soi-même, pour contenir la nature en ces circonstances, vous pouvez être certain que la contrainte qu'il s'impose n'est point l'effet de l'hypocrisie, mais d'une vertu solide et bien affermie. Au reste, en faisant ces observations, je me plais à constater que le digne supérieur qui dirige en ce moment le séminaire d'Angers, a senti l'utilité de revenir aux anciennes traditions, et que tous reconnaissent en lui l'esprit et les qualités de M. Meilloc, qui a laissé de si doux souvenirs dans ce diocèse.

L'abbé Joubert put donc déployer son naturel au séminaire, et pendant le temps qu'il y passa, rien ne gêna la libre expansion des facultés de son âme. Au reste il avait peut-être moins qu'un autre besoin de cette liberté : son caractère grave, timide et réservé, eût rendu moins dangereuse pour lui la contrainte imposée par une règle plus étroite. Accoutumé dès-lors à s'observer en toutes choses, et à réprimer soigneusement les moindres écarts de la nature, il portait en lui-même pour ainsi dire une règle plus sévère que toutes celles qu'on aurait pu lui imposer.

L'abbé Joubert fut un bon condisciple au séminaire, comme il fut plus tard un bon confrère dans les diverses positions qu'il eut à remplir : et je puis invoquer ici le témoignage de tous ceux qui l'ont connu à cette époque de sa vie. La plupart ont été pour lui des amis vrais et sincères, et j'ai été moi-même touché plus d'une fois de l'aimable cordialité qui régnait entr'eux. Chacun se montrait tel qu'il était, sans prétention, sans affectation, et j'ai admiré souvent le ton parfait, les manières dignes, la gravité simple et douce de ces amis, dont les liens, formés au séminaire, avaient résisté à l'épreuve du temps.

L'abbé Joubert reçut le sous-diaconat en 1817, le diaconat en 1818, et la prêtrise en 1819, des mains de Msgr Montault, qui eut toujours pour lui une affection toute particulière. Il fut ordonné prêtre à Nantes, où l'évêque d'Angers était allé faire l'ordination, pendant la vacance du siége épiscopal de cette ville. Le bon prélat voulut le prendre avec lui dans sa voiture pendant le voyage, témoignant par cette distinction l'estime qu'il faisait de lui. Il fut nommé vicaire de la cathédrale; c'était le poste le plus honorable que l'on pût offrir à un nouveau prêtre, et l'abbé Joubert se montra digne de la confiance de ses supérieurs, et sut gagner l'affection de son curé. C'était alors M. Lebreton, dont le zèle et l'inépuisable charité ont laissé de si précieux souvenirs dans la paroisse de Saint-Maurice. Ces deux hommes, quoique du même pays, étaient d'un caractère entièrement différent; et l'on pouvait, en les regardant, admirer la variété des formes que sait prendre la grâce, et la divine souplesse avec laquelle elle se proportionne au tempérament et aux dispositions de chacun. Le curé était vif dans ses allures, prompt dans ses décisions, et quelquefois brusque dans ses procédés. Ne sachant pas dissimuler sa pensée, il poussait la franchise jusqu'à ses dernières limites. Doué d'une organisation impressionnable et mobile, il passait comme par bonds d'un sentiment à un autre, pleurant avec ceux qui pleuraient, se réjouissant avec ceux qui étaient dans la joie. Mais au milieu de ces variations continuelles de température, il y avait quelque chose qui ne changeait jamais chez lui, c'était sa foi vive et l'inépuisable bonté de son cœur. Cet homme donnait tout ce qu'il avait et se donnait surtout lui-même. Il était encore très versé dans la science ecclésiastique et excellent théologien.

L'abbé Joubert, avec des qualités toutes différentes, ne pouvait cependant que gagner sous la direction d'un tel homme, et il montra plus tard, lorsqu'il fut appelé à la cure de Beaufort, tout le profit qu'il avait tiré de sa société. Il sut, pendant les deux années qu'il passa auprès de lui, gagner sa confiance et l'estime de la paroisse. On aimait à l'entendre dans la chaire de Saint-Maurice, et il passa bientôt pour un des meilleurs prédicateurs de la ville. Ses instructions étaient simples et solides, son ton et son geste naturels, quoique trop uniformes. Il instruisait plutôt qu'il ne touchait, et ce qu'il y avait de plus remarquable dans un jeune homme de son âge, c'était une sobriété de pensées une exactitude de doctrine et un choix d'expressions qui annonçaient assez le soin qu'il mettait à préparer ses sermons. L'habitude de la prédication lui permit bientôt de monter en chaire, après avoir réfléchi pendant quelque temps sur le sujet qu'il voulait prêcher, et en avoir disposé le plan dans son esprit. Il avait acquis une telle facilité sous ce rapport, qu'il était sûr d'intéresser et de plaire toutes les fois qu'il parlait, et s'il n'était pas toujours éloquent, jamais du moins il n'était commun ni trivial. Il lui manqua néanmoins une des premières qualités de l'orateur, l'action. Il n'avait point de ces mouvements qui entraînent un auditoire, ou le tiennent captif sous le regard et la parole du prédicateur. Ces qualités, au reste, conviennent moins au prêtre qui doit exercer le ministère paroissial, qu'au missionnaire dont le but est de réveiller les âmes endormies dans le péché, en faisant retentir à leurs oreilles le tonnerre de la justice du Seigneur. Le genre et le degré du talent oratoire que possédait l'abbé Joubert, étaient plus que suffisants pour les fonctions auxquelles Dieu le destinait, et il est peu de prêtres qui aient pu se faire entendre comme lui, avec plaisir, pendant vingt ans, dans la même paroisse.

Il y avait près de trois ans que l'abbé Joubert était vicaire à Saint-Maurice, lorsque la cure de Beaufort vint à vaquer, en 1822, par la démission de M. l'abbé

Letourneau, dont la modestie et l'humilité lui faisaient envisager comme un fardeau trop lourd pour lui le poste honorable dont l'avait investi la confiance de ses supérieurs. La cure de Beaufort était en effet, à cette époque, une des plus importantes du diocèse, soit par le chiffre de sa population, soit par son commerce florissant, soit enfin par le grand nombre de familles riches ou aisées qu'elle comptait. Il fallait, dans le choix du curé qui devait succéder à M. Letourneau, avoir égard à toutes ces choses, d'autant plus que ce dernier, par une modestie excessive et une rigidité qui tenait plus à ses principes qu'à son caractère, avait éloigné de lui une partie de la population. Dieu me préserve de rien dire qui puisse affaiblir le respect pour la mémoire de ce digne prêtre, dont j'ai pu moi-même admirer les éminentes vertus ! Sa rigidité, je le répète, tenait plus à ses principes qu'à son caractère : et je me hâte d'ajouter que ses principes tenaient eux-mêmes à l'enseignement qu'il avait reçu, aux livres qu'il avait étudiés, à la réaction qui s'était déclarée depuis peu de temps contre la pratique suivie par l'ancien clergé dans l'administration des sacrements. M. Letourneau était dans les mêmes conditions que tous les autres prêtres de son temps. Il appliquait dans l'exercice de son ministère les méthodes qui lui avaient été recommandées par ses maîtres, comme les meilleures, et son humilité, loin de lui servir en cette conjoncture, lui porta malheur au contraire. Il prit une part d'autant plus vive à la réaction qui s'était produite, que se défiant davantage de ses lumières, il croyait ne pouvoir mieux faire que de suivre la direction de ses supérieurs, et les leçons qu'il avait reçues au séminaire.

L'époque où il fut nommé curé de Beaufort était précisément celle où les rangs de l'ancien clergé commençaient à s'éclaircir, où le jeune clergé, formé depuis la Révolution, et joignant à la force du nombre celle que donnent la fougue de l'âge et des convictions ardentes, prenait le dessus et faisait prévaloir son influence. Les anciens prêtres, j'appelle ainsi ceux qui avaient été ordonnés avant la Révolution, avaient pour la plupart cherché sur une terre étrangère un asile, où ils pussent garder la fidélité à leur conscience et à leurs serments. Les doctrines sévères dont plusieurs avaient été imbus pendant leurs études théologiques avaient été modifiées peu à peu, et d'une manière insensible, par leurs rapports avec les prêtres des pays où ils s'étaient réfugiés. Beaucoup d'entre eux étaient rentrés en France avec des idées plus justes et plus larges sur les exigences de la loi chrétienne, et appliquaient sincèrement dans le tribunal de la pénitence les principes et les méthodes dont ils avaient pu constater les résultats à l'étranger.

Les jeunes prêtres, au contraire, privés de l'expérience salutaire des anciens, n'avaient pour se guider que les livres qui leur avaient été mis entre les mains. Ceux-ci, composés à une époque où l'influence janséniste pénétrait partout, et atteignait jusqu'aux esprits les plus sains et aux cœurs les plus droits, portaient tous plus ou moins, dans la partie morale surtout, l'empreinte de cette sévérité excessive, qui était un des moyens dont les Jansénistes se servaient pour tarir parmi les populations la sève catholique. Presque toutes les hérésies, après s'être étalées sans pudeur au grand jour, jusque dans leurs conséquences les plus révoltantes, se modifient dans leur seconde période, et sentent le besoin d'atténuer les points les plus choquants de leurs systèmes, afin de les rendre accessibles à tous. C'est ce qu'avaient fait autrefois les Nestoriens, les Euty-chiens et les Pélagiens : c'est ce que firent plus tard les protestants. Repoussés par le bon sens de la France et par son attachement traditionnel à l'Eglise, et sentant d'un autre côté combien il leur importait de pénétrer parmi ce peuple, dont la nature vive est un véhicule si puissant pour toutes les idées qu'il embrasse, ils changèrent de tactique et de système. Au lieu de nier l'Eglise, l'autorité du pape, les sacrements, etc., ils se contentèrent d'annuler dans la pratique, et le pouvoir de l'Eglise et du pape, et l'efficacité des sacrements, en rendant l'abord de ces derniers à peu près impossible, par les dispositions qu'ils exigeaient de ceux qui voulaient en approcher. Ils savaient très bien que la sève chrétienne est contenue dans les sacrements, et que s'ils parvenaient à en éloigner les fidèles, il leur serait facile plus tard de les amener à protester comme eux, contre l'Eglise et sa doctrine. Telle fut l'origine du semi-protestantisme, plus connu sous le nom de jansénisme.

Beaucoup de prêtres donnèrent de bonne foi dans le piége. Séduits par la sévérité des principes qu'affectait la nouvelle secte, ils en adoptèrent avec les meilleures intentions la morale et la pratique, sans en admettre les erreurs spéculatives et dogmatiques. Le mal fut plus ou moins grand, selon le degré de vigilance des évêques français. Il fut très grand dans le diocèse d'Angers, qui eut le malheur d'être gouverné pendant quarante ans par un évêque hérétique, M. Arnauld, de triste mémoire, dont les vertus apparentes, soutenues par un orgueil et une opiniâtreté sans bornes, purent faire illusion à quelques esprits légers, qui ne jugent des choses que par la surface, et pour qui la foi ne vient qu'en seconde ligne dans l'échelle des vertus.

La morale sévère trouva donc beaucoup de partisans dans le diocèse d'Angers; et c'est en partie pour la propager parmi le clergé et les fidèles que furent rédigées en français les Conférences, ouvrage plus considérable par le volume que par le mérite, et qui dut sa réputation plus à ses défauts peut-être qu'à ses qualités. Au reste, la plupart des abrégés de théologie, qui ont servi jusqu'à ces dernières années de manuel dans les séminaires, étaient empreints du même esprit, et il était temps que le Saint-Siége en fît justice, en les flétrissant comme il convenait, afin que l'on ne pût interpréter son silence comme une justification des doctrines qu'ils contenaient. Lorsque M. Joubert fut nommé curé de Beaufort en 1822, il en put constater les effets, dans l'affaiblissement de la piété, dans l'indifférence et l'éloignement des sacrements. En peu d'années, en effet, le nombre de ceux qui en approchaient avait considérablement diminué, et il était à craindre que l'esprit chrétien ne vînt à s'éteindre faute d'aliment dans cette paroisse autrefois si religieuse.

L'abbé Joubert arrivait donc à Beaufort en des circonstances délicates et difficiles. Il était l'homme qui convenait à la position, et l'on peut dire que ce choix fut l'un des plus heureux de l'administration si sage et si paternelle de Msr Montault. Le nouveau curé, avec le tact et le bon sens qui le distinguaient, comprit aussitôt la situation. Par une exception bien rare à cette époque, et qui prouve à la fois l'indépendance de son esprit et la sûreté de son jugement, il avait su échapper à la réaction qui s'était manifestée dans une grande partie du clergé. Les opinions extrêmes n'allaient ni à son esprit ni à son caractère; il inclinait de préférence vers ce juste et sage milieu, qui contient non-seulement la vertu, mais encore la vérité, surtout dans les choses de l'ordre pratique. Sans jamais se permettre le moindre blâme à l'égard de ceux de ses confrères qui suivaient d'autres principes, il resta toujours fidèle à ceux qui le dirigeaient, et sut allier un respect sincère pour les opinions des autres, avec une constance imperturbable dans la ligne de conduite qu'il s'était tracée. Il réussit de cette manière à ramener peu à peu à leur devoir la plupart de ceux qui s'en étaient écartés; et il put, en quittant la cure de Beaufort, se rendre le doux témoignage de n'avoir été réduit qu'une seule fois à la dure nécessité de refuser la sépulture ecclésiastique, après avoir été repoussé au lit de la mort. Et loin que ce refus blessât l'opinion publique, et provoquât des manifestations injurieuses à la religion et au curé, il fut au contraire approuvé et sanctionné par la paroisse tout entière, qui confiante en la sagesse de son pasteur, ne douta point qu'il n'eût fait en cette circonstance ce que le devoir exigeait de lui.

L'abbé Joubert comprit que pour satisfaire aux obligations de sa charge, il devait établir un ordre parfait dans la distribution de sa journée. Régler son temps, c'est le multiplier; l'inexactitude, au contraire, le gaspille et le rend infructueux. Le premier dimanche qu'il passa dans sa nouvelle paroisse, il se rendit ponctuellement à la sacristie, au dernier son de la grand'messe. Il fut très étonné de n'y trouver personne, pas même le prêtre qui devait officier. Au bout de quelques minutes un chantre et un enfant de chœur étant arrivés, il commença la procession, et ce fut la seule leçon qu'il se permit en cette circonstance. Elle fut comprise et des vicaires, et des chantres, et des fidèles; et à partir de ce jour, personne ne se fit plus attendre. Toutes les heures, soit à l'église, soit à la maison, étaient réglées; l'on savait que cette règle était sérieuse, et que l'on devait s'y soumettre.

Tous les matins à cinq heures il allait à l'église, et confessait jusqu'à huit. Il retournait au confessionnal après avoir dit sa messe, et y restait jusqu'à dix heures s'il était attendu. Mais il était rare qu'il y demeurât aussi longtemps, car il savait abréger la confession et la renfermer dans les limites strictement nécessaires. Il le fallait bien : comment aurait-il pu sans cela diriger plus de quinze cents pénitents, parmi lesquels beaucoup se confessaient souvent? Le soir, à six heures, il revenait à l'église et en sortait à huit, après quoi le sacristain en fermait les portes. Il n'y avait qu'une exception à cette règle, c'était la veille de Noël, où l'on confessait jusqu'au commencement de l'office de la nuit. Avec ce tact exquis et ce sentiment des convenances qui le distinguaient à un si haut degré, il sentait qu'il ne sied point à un prêtre de donner aux femmes l'occasion ou le prétexte de paraître si tard dans les rues d'une ville.

Il observa la même exactitude à Saint-Maurice lorsqu'il fut grand-vicaire. On était sûr de le trouver à l'église chaque jour, matin et soir aux mêmes heures; avec cette différence qu'ayant moins de pénitents qu'à Beaufort, il restait moins longtemps au confessionnal.

Et d'ailleurs, comme tous les hommes vraiment distingués, l'abbé Joubert savait tirer profit de l'expérience. Or, elle lui avait appris que les confessions longues et trop fréquentes ne sont utiles ni au pénitent, ni au confesseur, et que le moindre dommage qu'on en retire, c'est la perte du temps, sans compter la déconsidération du sacrement de pénitence, et une certaine habitude des choses saintes, qui finit par leur ôter toute efficacité sur le cœur. En ce point comme en tout le reste, l'abbé Joubert alla toujours faisant de nouveaux progrès; et ceux qui ont pu le suivre comme moi jusqu'aux dernières années de sa belle et sainte vie, lui rendront certainement ce témoignage, qu'il avait à la fin l'esprit plus élevé, le cœur plus large encore qu'au commencement de sa carrière.

Après l'autel, ce qu'il aimait le plus, c'était le confessionnal. Mais ce goût n'avait rien de vulgaire; les motifs en étaient purs et élevés. Il aimait le confessionnal, parce qu'il y faisait du bien. Cependant, malgré la pureté de ses motifs, il sentait, comme tous les prêtres sages et éclairés, la nécessité de se prémunir contre un entraînement dont il n'est pas toujours facile de se défendre, et qui peut avoir quelquefois les plus fâcheux résultats. C'est pour cela qu'il s'était prescrit le temps qu'il voulait donner chaque jour à la confession, dans la crainte de se laisser absorber par un ministère, qui finit par être dangereux pour celui qui l'exerce, lorsqu'il s'y livre sans discrétion. Il était au saint tribunal d'une réserve admirable. Non-seulement il ne faisait jamais aucune question indiscrète; mais s'il s'apercevait que le pénitent voulût entamer quelque sujet étranger à la confession, il l'arrêtait aussitôt, le

ramenant à son objet avec tant d'adresse et de bienveillance, que l'autre y revenait comme de lui-même. Sa
conscience, si éclairée et si délicate, lui aurait reproché comme une profanation la moindre condescendance sous ce rapport. Lorsqu'il était au confessionnal,
il se rappelait qu'il y tenait la place de Dieu, et qu'il
était là pour parler des choses du ciel. Un mot suffisait
pour lui faire comprendre ce qu'on lui voulait dire, et
il prévenait ainsi des explications pénibles, et dange-
reuses quelquefois pour le pénitent. Il était sur ce point
d'une délicatesse extrême, et si quelqu'un, soit par
scrupule, soit par quelque autre motif, essayait de dépasser les limites dans lesquelles il tenait à renfermer
la confession, il l'arrêtait aussitôt en lui disant : Je
vous ai compris, je n'ai pas besoin d'en savoir davantage.

Il savait inspirer à ceux qu'il dirigeait un attachement sérieux et profond. Ce n'était point cet engoue-
ment factice et vulgaire, qui ne fait honneur ni à ceux
qui l'éprouvent, ni à celui qui en est l'objet; mais
c'était un sentiment composé de respect, de confiance
et d'une sainte affection. Je dois même dire à sa
louange qu'il n'y avait guère que les âmes grandes par
quelqu'endroit à le ressentir; les esprits médiocres
avaient peu d'attrait pour lui. Sa direction était large,
éclairée, sage et prudente, plutôt que forte et énergique. Elle était parfaitement appropriée aux besoins
de la plupart des âmes. Elle convenait à ces maladies
morales, que je pourrais appeler chroniques, qui lais-
sent au médecin le temps de suivre les progrès du mal,
et d'étudier les effets des remèdes qu'il essaye, qui de-
mandent plutôt un bon régime que l'emploi de moyens

violents. Il avait moins d'aptitude à guérir ces maladies aiguës qui exigent des remèdes prompts et énergiques, et dans lesquelles la qualité principale du médecin est un coup d'œil rapide et une main ferme. Il était dans la cure des âmes plutôt médecin que chirurgien, et sa main tremblait involontairement, lorsqu'il fallait, selon la parole de l'Evangile, arracher un œil, couper une main ou un pied. Sa direction convenait merveilleusement aux âmes que Dieu appelle à un certain degré de perfection, ou aux personnes engagées dans la vie religieuse, qui ont besoin d'être soutenues, consolées et fortifiées, plutôt que relevées et guéries; et en paraissant devant Dieu, il a pu se rendre le témoignage de l'avoir fait aimer et servir d'un grand nombre.

Le ministère de la confession ne préjudiciait en rien chez lui aux autres travaux de la charge pastorale. Il prêchait tous les dimanches à la première messe et à la grande, alternativement; et il suivait dans ses instructions un plan qu'un grand nombre d'évêques ont recommandé dans ces derniers temps. C'est d'ailleurs celui qui est conseillé par le catéchisme du concile de Trente. Les instructions de la première messe et celles du Carême étaient consacrées à l'explication du symbole des Apôtres, du Décalogue et des sacrements. Ce cadre remplissait trois années, au bout desquelles il reprenait le même plan, afin que les fidèles, ayant sans cesse sous les yeux les vérités spéculatives et pratiques de la religion, échappassent à l'ignorance et aux suites funestes qu'elle entraîne. En effet, si la religion est si mal observée, et quelquefois même si indignement outragée, c'est qu'elle n'est point connue; et si elle n'est point connue, c'est bien souvent parce qu'elle n'est point enseignée d'une manière suf-

fisante ou convenable. Autre chose est le missionnaire,
qui n'ayant à passer que quelques semaines dans une
paroisse, doit s'efforcer de réveiller les âmes endormies dans le sommeil de l'indifférence; autre chose le
pasteur, qui demeurant au milieu des brebis confiées
à ses soins, doit surtout s'attacher à les nourrir de la
doctrine chrétienne. Celui-ci doit instruire, expliquer
les mystères et les préceptes de la religion; celui-là a
principalement pour but d'en inspirer la croyance et
la pratique. Son ministère suppose des esprits suffisam-
ment instruits, et disposés par un enseignement convenable à recevoir les impressions salutaires, que produit
toujours dans les âmes bien préparées, l'annonce des
jugements de Dieu.

Il est encore une autre considération non moins
puissante en cette matière. Les vérités de la religion
sont si intéressantes par elles-mêmes, qu'elles n'exigent
pour ainsi dire aucuns frais de la part de celui qui entreprend de les expliquer. Il n'a besoin pour cela que
de les exposer simplement, le catéchisme ou un autre
livre à la main, et il est à peu près sûr de captiver sans
efforts l'attention de son auditoire. Un enfant bien ins-
truit et répondant avec intelligence aux questions et
aux objections de son curé, intéresserait lui-même
ceux qui assisteraient à cette conférence familière, tant
il est vrai que les témoignages divins portent avec eux,
selon l'expression du Prophète, leur propre justification, et qu'ils sont plus doux que le rayon de miel. Il
n'en est pas de même des sermons d'apparat, dans
lesquels le prédicateur entreprend de prouver en deux
ou trois points quelque vérité morale, qui bien souvent
tient autant à l'ordre naturel qu'à celui où Dieu a

daigné nous élever par la grâce. Ici le talent oratoire est plus ou moins nécessaire ; car ce n'est plus la pure parole de Dieu qui est enseignée, mais c'est encore la parole de l'homme ou du prédicateur. Si le ton est faux, si le geste est mal assorti au sujet, si les pensées sont vulgaires et les expressions triviales ; si avec tout cela il y a peu de fonds, peu de doctrine, les auditeurs sortiront de l'église comme ils y sont entrés, trop heureux encore, s'ils n'emportent pas avec eux une sorte de dédain pour le prédicateur, et par contre-coup pour la doctrine qu'il prêche. Bientôt l'ignorance fait des ravages effrayants dans une paroisse, y produit l'indifférence et même le mépris pour la religion. Les pratiques religieuses deviennent une sorte d'habitude, sans influence sur le cœur ni sur la vie. La foi diminue, la piété languit, les scandales se multiplient, le prêtre perd toute influence et toute autorité, en dehors d'un petit cercle d'âmes privilégiées qui, enseignées directement par Dieu, dans la prière et les sacrements, peuvent jusqu'à un certain point se passer de tout autre enseignement. Plusieurs évêques, frappés de ces considérations, ont imposé aux curés l'obligation de suivre dans leurs instructions, le plan du catéchisme du concile de Trente. L'un d'eux, le cardinal Matthieu, archevêque de Besançon, exige que chaque curé fasse tous les quinze jours, au lieu de prône, le catéchisme dans son église, en ayant soin de préparer à l'avance ceux qu'il doit interroger, afin que tous les fidèles puissent profiter de la leçon, et cette méthode produit les plus heureux fruits.

L'abbé Joubert aurait pu mieux que personne suivre le genre d'instructions trop généralement adopté par le clergé, et composer des sermons, avec les divisions introduites par les grands orateurs; car, ni le talent ni la facilité ne lui manquaient; mais il cherchait moins l'occasion de briller que le moyen d'être utile aux âmes, et c'est là le motif qui lui avait fait adopter le plan dont nous avons parlé plus haut. Au reste, tous les quinze jours, à la grand'messe, il faisait l'homélie, expliquant d'une manière simple, mais intéressante, l'évangile du jour. Il ne montait jamais en chaire sans s'être préparé; beaucoup de ses sermons étaient écrits, quoiqu'il ne s'astreignit point à les réciter textuellement. Il comprenait que la parole du prêtre, pour être reçue comme parole de Dieu, doit avoir été préparée et méditée en présence de Dieu, et que les fidèles savent très bien discerner d'où vient celle qu'on leur distribue, rien qu'à l'effet qu'elle produit sur eux.

L'abbé Joubert avait une extrême attention pour les malades : il les visitait souvent, et rien ne pouvait arrêter son zèle, lorsqu'il s'agissait de leur porter les secours de la religion. S'il m'était permis de rappeler ici un souvenir qui m'est personnel, je dirais que pendant la maladie de mon père, qui dura plusieurs mois, il n'y avait guère de jours qu'il ne vint passer quelques instants près de lui.

Sa charité pour les pauvres était inépuisable. J'ai peu besoin d'insister sur cette qualité du cher défunt. Son désintéressement était connu de tout le monde, et toute son ambition était de ne rien devoir au bout de l'année. Tout l'argent de son traitement, de son casuel et de ses revenus personnels passait dans les mains des pauvres, ou était employé pour les besoins de l'église. Lorsqu'il quitta la cure de Beaufort, il abandonna à la fabrique une somme de 11,000 francs qui lui était due, et laissa comme monument de sa charité une école de filles, dirigée par les religieuses de Saint-Gildas, dont la fondation fut en partie le fruit de ses épargnes.

La cure de Beaufort était devenue sous lui, moins à cause de son titre de curé de canton, qu'à cause de ses éminentes qualités, un centre et un lieu de réunion pour le clergé de tout le pays. Il avait cette juste mesure qui inspire la confiance et l'abandon, et commande à la fois le respect. Jamais il ne lui vint à l'esprit d'invoquer son titre ou de s'en prévaloir à l'égard de ses confrères : il n'en avait pas besoin d'ailleurs, parce que sa supériorité était reconnue de tous ceux qui l'entouraient, et il la devait moins encore à sa position qu'à ses vertus. Au reste, son titre était peu de chose à ses yeux, et il répétait souvent, avec un accent de vérité sur lequel il était impossible de se méprendre, que si son évêque l'envoyait dans la dernière cure du diocèse, il n'hésiterait pas un instant à lui obéir. L'union la plus touchante régnait entre tous les bons prêtres du canton; une douce et sainte familiarité rapprochait tous les cœurs. L'abbé Joubert savait mettre parfaitement à l'aise tous ceux qu'il recevait : sa conversation était agréable, spirituelle, assaisonnée de temps en temps de plaisanteries fines et gracieuses, qui ne blessaient personne et égayaient la réunion. Il s'était imposé pour règle de ne jouer à aucun jeu, mais avec cette tolérance qui le distinguait et lui inspirait un respect sincère pour les opinions et la conduite des autres, il ne s'opposait point à ce qu'on jouât chez lui, et il était le premier à engager ses hôtes à suivre leur goût.

Il recevait noblement, mais sans jamais dépasser les bornes de la simplicité qui convient à un prêtre. Il avait en toutes choses le sentiment de la grandeur et des convenances, et j'ai connu peu d'hommes qui possédassent au même degré que lui l'art si précieux de garder en tout une juste mesure. Tous les prêtres qui ont vécu dans le canton de Beaufort, pendant qu'il y était curé, se rappelent ce temps comme l'époque la plus douce de leur vie; et les meilleurs étaient pour lui non seulement des confrères, mais des amis. Je me contenterai de citer ici M. le curé de Saint-Pierre, de Saumur, M. l'abbé Chaslon, aumônier de l'hôpital de Beaufort, et M. l'abbé Allory, sans rien ajouter à cette simple mention, dans la crainte de blesser la modestie de ces dignes prêtres. Je sens d'ailleurs que l'amitié dont ils m'honorent ne me permet pas de les louer pendant leur vie.

Ses rapports avec ses vicaires étaient empreints d'une douce familiarité. Il avait une dignité naturelle qui lui faisait garder sa place sans effort ni affectation, et son mérite était d'ailleurs si bien reconnu que la pensée ne serait venu à personne de le lui disputer. Il ne connaissait point ces jalousies des petits esprits, qui ne regardent comme bien fait que ce qu'ils font eux-mêmes, qui veulent se mêler de tout, tout diriger, et qui se faisant involontairement justice à eux-mêmes, semblent craindre toujours que leur autorité ne soit méconnue, parce qu'elle n'est point soutenue en effet par une supériorité véritable. Il était heureux des succès de ses vicaires, supportait avec une merveilleuse indulgence les petits écarts qui échappaient à la vivacité de leur caractère ou à la fougue de leur âge. Sa nature douce, calme et bienveillante, semblait se plaire au contraste des naturels ardents et passionnés, et nous l'avons entendu souvent parler avec une affection toute particulière d'un jeune prêtre, dont le caractère ardent l'avait fait souffrir plus d'une fois. Il poussait en ce genre la condescendance jusqu'à ses extrêmes limites. Un de ses vicaires ayant attaqué en chaire, sans le nommer toutefois, la doctrine qu'il avait enseignée le dimanche précédent, sur un point qui pouvait donner lieu à des appréciations différentes, il ne s'en plaignit ni à lui ni à ses supérieurs, et renferma dans le secret de son cœur, l'émotion qu'il dut ressentir en cette circonstance. C'était un principe chez lui de recevoir les vicaires qui lui étaient donnés, comme si Dieu lui-même les lui avait envoyés, et de ne jamais faire aucune démarche pour se débarrasser de ceux dont il avait lieu d'être mécontent ; et pendant tout le temps qu'il fut curé de Beaufort, ses supérieurs ne reçurent jamais de lui une seule plainte contre eux.

Lorsqu'il découvrait dans ses pénitents les germes d'une vraie vocation à l'état ecclésiastique ou religieux, il s'appliquait à les développer ; car c'est là un des signes principaux auxquels on peut reconnaître un directeur pieux et éclairé. On a dit que les saints font des saints : on peut dire aussi jusqu'à un certain point, que les prêtres selon le cœur de Dieu, et qui ont l'esprit de leur état, font des prêtres et des religieuses, sans qu'ils le cherchent bien souvent, mais par le seul ascendant de leurs lumières et de leurs vertus, qui en rendant cette vocation recommandable, y attirent les belles âmes.

L'abbé Joubert avait pris à Beaufort, sur la population tout entière, l'influence que ne pouvaient manquer de lui donner ses vertus et ses éminentes qualités. La révolution de 1830, qui eut partout de si tristes résultats, et réveilla contre le clergé les préjugés des plus mauvais jours, n'affaiblit en rien l'autorité dont il jouissait; et dans les conflits que dut nécessairement susciter entre le curé de Beaufort et l'administration civile, une position aussi tendue, le premier eut toujours pour lui la population toute entière. Aussi la rivalité entre les deux puissances ne dégénéra point à Beaufort dans une lutte ouverte; elle ne produisit que de légères escarmouches, où le curé resta toujours vainqueur. Cependant, ces contrariétés lui furent très sensibles, et jointes aux autres sollicitudes, inséparables du ministère ecclésiastique, elles commencèrent à miner sourdement sa constitution robuste et vigoureuse. Et c'est ici le lieu de faire connaître un trait de son caractère et de son tempérament, qui est resté à peu près ignoré.

On le croyait généralement froid et inaccessible aux impressions du dehors. Ceux même qui pensaient le connaître le mieux, trompés par la placidité de ses traits et de son regard, par cette égalité d'humeur qu'il montrait dans les circonstances où la nature est le plus disposée à s'échapper, lui enviaient cet heureux caractère, qui savait si bien prendre les événements, et s'arrangeait si bien des hommes et des choses. Mais ce qu'ils regardaient comme l'effet d'un heureux naturel, était chez lui le résultat d'une haute vertu, et d'une lutte qui avait dû lui coûter beaucoup d'efforts. Pour un œil exercé à observer les hommes et à étudier leur caractère, il était facile d'apercevoir à certains signes l'effet des émotions que sa volonté cherchait à réprimer. La pâleur et la contraction de sa lèvre supérieure, accompagnées d'un léger tremblement de la main, indiquaient assez la vivacité de la lutte qui se passait au fond de son âme. Mais ces signes disparaissaient bientôt, et la vertu prenant le dessus sur la nature, le visage reprenait sa sérénité accoutumée. Tout n'était pas fini cependant. Ces émotions, accumulées et renfermées dans le cœur comme dans un abîme, y produisaient une fermentation sourde, mais continue, qui usait peu à peu sa santé. Car l'abbé Joubert avait, comme presque tous les hommes, une partie faible dans l'organisme, les intestins. C'était là que réagissaient toutes les impressions du dehors, toutes les émotions du dedans, les joies, les peines, les craintes, les espérances. Et qui ne sait à combien de vicissitudes de ce genre est exposée l'âme d'un bon prêtre, qui voit à chaque instant son œuvre ou plutôt l'œuvre de Dieu, défaite ou altérée, au moment où il la croyait le mieux affermie; qui voit échapper tout à coup à l'action de la grâce, des âmes qu'il avait cultivées avec des soins tout particuliers, et dont il attendait les plus douces consolations pour son cœur? Tous ces secrets, tous ces aveux qui tombent dans son âme, ne doivent-ils pas susciter des inquiétudes poignantes et d'indicibles douleurs? Ce qu'il y a de plus pénible encore pour le prêtre, c'est que la plupart du temps il est obligé d'ensevelir au fond de son cœur les sentiments qui l'agitent, et qu'il ne peut se décharger du poids qui l'accable, en le partageant avec d'autres.

Outre la réserve imposée au prêtre par la nature de son ministère, l'abbé Joubert avait encore celle qui vient de la nature et de la vertu en même temps. Il avait cette pudeur délicate des saints, qui leur fait envisager comme une faiblesse la recherche de toute consolation sensible; et il aurait cru profaner en quelque sorte la douleur, en la confiant à d'autres qu'à Dieu. Aucun regard humain ne pénétrait dans cette âme profonde et enveloppée : Dieu seul en connaissait les mystères et les agitations. Mais la nature ne pouvait résister longtemps à cette lutte constante et acharnée, la partie faible du corps succombait peu à peu sous ses efforts. Des souffrances cruelles le torturaient de temps en temps; loin de trouver la nuit, dans un sommeil réparateur, l'oubli des soucis qui le tourmentaient et un allégement à ses maux, c'était à ce moment au contraire que les idées qui le préoccupaient assiégeaient son esprit, et tenaient sa paupière ouverte pendant de longues heures. Souvent, pour échapper au feu intérieur qui le consumait, il se levait de son lit, marchait dans sa chambre pendant de longues heures, afin de diminuer la violence des crises qui le faisaient tant souffrir. Malgré ces fréquentes insomnies, rien n'était changé, ni dans le règlement de sa journée, ni dans son humeur, ni dans son maintien. Le matin il paraissait à l'église à la même heure. Ses pénitents trouvaient en lui la même bienveillance et la même sagesse : ses commensaux lui trouvaient l'esprit et le cœur aussi frais, le caractère aussi enjoué que de coutume, car rien ne trahissait pendant le jour les luttes et les agitations de la nuit. Le cher défunt dont nous pleurons la perte me pardonnera, j'en ai la confiance, de trahir le secret que ses lèvres, dans un moment d'épanchement, ont laissé tomber sur mon cœur.

Après vingt ans de luttes, la nature succomba tout à fait, et les médecins déclarèrent que s'il ne se hâtait d'avoir recours aux remèdes qu'exigeait son état, ils ne pourraient plus répondre de rien. Ils lui conseillèrent un repos absolu pendant quelque temps et les eaux de Vichy. Il lui en coûtait de quitter pour plusieurs semaines sa paroisse, dont il ne s'était encore jamais séparé depuis qu'il en était le pasteur. Mais il obéit aux injonctions des médecins, et après avoir passé un mois à Vichy, il revint dans un état de santé beaucoup plus satisfaisant, et put reprendre avec une nouvelle vigueur les exercices de son ministère. Ce fut alors qu'il se vit appelé, en 1842, par la confiance de son évêque à d'autres fonctions.

M. Regnier venait d'être nommé évêque d'Angoulême, et il s'agissait de lui donner un successeur. Le nouvel évêque d'Angers avait connu dans l'année même l'abbé Joubert, chez qui il avait passé plusieurs jours, lorsqu'il était allé à Beaufort, en sa qualité de supérieur des sœurs de Saint-Gildas, afin d'y prendre les arrangements nécessaires pour la fondation d'une maison de cet ordre. Il avait pu, pendant ce court séjour, apprécier les qualités du curé de Beaufort. Sa nature délicate et sensible avait dû entrevoir et deviner ce que cette âme humble et modeste renfermait de lumières et de vertus, et peut-être cette première connaissance ne fut-elle pas sans influence sur le choix qu'il fit de l'abbé Joubert, comme vicaire-général. Ce choix, au reste, ne surprit personne, excepté celui qui en était l'objet. Il plongea la ville de Beaufort tout entière dans la consternation, et rarement un curé fut aussi regretté que lui de sa paroisse : il lui en coûta de se séparer de cette population où il avait fait tant de bien, qui lui tenait par tant de liens, où il comptait presque autant d'amis dévoués que de personnes. Mais ses principes sur l'obéissance ecclésiastique étaient inflexibles, et il se serait reproché la moindre hésitation, dès que son évêque réclamait son concours. Il obéit, dévorant en silence l'amertume de ses regrets et de sa douleur.

L'abbé Joubert réunissait toutes les conditions nécessaires pour remplir dignement le nouveau poste où il était appelé, et la nature de son caractère était parfaitement appropriée à celle du prélat qui l'honorait de sa confiance. Ces deux hommes étaient dignes de se comprendre et de s'apprécier mutuellement. Unis par ce qu'ils avaient de commun, ils se complétaient par les divergences et les oppositions de leur nature ; et c'est là ce qui explique cette parfaite harmonie qui exista toujours entre eux, pendant les seize années où ils travaillèrent ensemble au bien de ce diocèse.

L'abbé Joubert aimait sincèrement son évêque, et jamais peut-être aucun grand-vicaire ne prit plus à la lettre que lui ce principe du droit canonique, que le vicaire-général d'un évêque ne fait qu'une seule personne morale avec lui. Jamais il ne sépara sa responsabilité de celle de son supérieur ; et il aurait cru indigne de lui de rechercher une vaine popularité, en déclinant toute participation aux mesures que celui-ci avait cru devoir prendre, lorsqu'elles déplaisaient à ceux qui en étaient l'objet. Il avait bien soin, au contraire, dans ces circonstances, de faire remarquer qu'elles avaient été prises en conseil, après une mûre délibération, et que l'évêque n'y avait contribué, comme les autres, que pour sa voix. Il était sur ce point d'une attention

presque scrupuleuse. Il avait pour son évêque des pré-
venances et des attentions d'une délicatesse extrême.
Sachant qu'il n'était que trop disposé à se laisser entraîner par son zèle, et à négliger une santé qui demandait des ménagements, il aurait voulu lui épargner
les moindres fatigues, en les prenant sur lui. S'il le
voyait triste ou préoccupé, oubliant lui-même ses
propres soucis, il cherchait à dissiper, en l'égayant, les
nuages qni assombrissaient son âme. Le digne prélat
dont il fut l'ami et le conseiller, me pardonnera de
révéler ici l'aveu qu'il a bien voulu me faire lui-
même, que les soins et les attentions de l'abbé Joubert,
l'avaient aidé puissamment à supporter, dans les premières années de son épiscopat, les peines et les épreuves
attachées à cette lourde charge.

L'abbé Joubert, après avoir vécu quelque temps au
palais épiscopal, sentit le besoin de prendre un loge-
ment à part; et si je fais mention de cette circonstance,
peu importante dans sa vie, c'est qu'elle me donne
l'occasion de relever un trait saillant de sa belle âme.
Il aimait beaucoup sa famille : et si je n'en avais fait
partie moi-même, j'aurais peut-être trouvé que parfois
son affection lui mettait un bandeau sur les yeux, et
ôtait à sa volonté de son énergie. Mais ce n'est pas à
moi de me plaindre d'une indulgence dont j'ai été plus
que d'autres l'objet, et qui tenait à la bonté de son
cœur. Cet homme, si froid en apparence, avait pour sa
famille de ces aveuglements et de ces charmantes faiblesses que Dieu ne donne ordinairement qu'aux mères,
afin que leur tendresse, entretenue par de continuelles
illusions, ne s'épuise jamais dans la carrière de dévouement et de sacrifice qui leur est imposée. Il par-

tageait les joies et les peines de tous ceux qui lui tenaient par les liens du sang. Son plus grand bonheur était de les voir tous réunis chez lui : il avait alors de ces joies d'enfant, qui annonçaient à la fois et la candeur de son âme et la bonté de son cœur. Quelques semaines encore avant de mourir, il avait fait de nouveaux arrangements dans sa maison, afin de pouvoir nous y loger tous commodément, et il se réjouissait d'avance des facilités que ces nouvelles dispositions devaient nous donner pour nous réunir plus souvent.

L'abbé Joubert continua de montrer dans ses nouvelles fonctions, les qualités éminentes qu'il avait déployées à Beaufort. Il avait le travail facile, le jugement sûr, un tact exquis, une prudence consommée, et une adresse merveilleuse pour manier les hommes. D'une discrétion à toute épreuve, jamais il ne trahit les secrets de l'administration, ni ceux qui lui venaient d'ailleurs; et cette qualité lui était si généralement reconnue, que plusieurs lui en faisaient un reproche, trouvant qu'il la poussait trop loin. Son esprit conciliant réussit plus d'une fois à prévenir des éclats fâcheux; et s'il nous était permis de citer ici des noms propres, nous pourrions rapporter plusieurs circonstances, où il sut adoucir des mesures sévères, et tempérer les rigueurs de la justice par les ménagements de la miséricorde. Il était d'un excellent conseil; son expérience, son tact, et la justesse de son jugement, lui donnaient sous ce rapport des avantages bien supérieurs à ceux que l'étude et la science peuvent fournir.

Chargé par son évêque du soin de plusieurs communautés importantes, il sut s'acquitter avec zèle et prudence de cette mission délicate et difficile, laquelle exige une réunion de qualités qui semblent se repousser mutuellement. Il faut, en effet, dans les postes de ce genre, d'une part un esprit large et conciliant, et de l'autre une volonté ferme et constante, une grande dextérité pour manier et conduire des cœurs de femmes, pour démêler et dénouer les complications auxquelles donnent lieu bien souvent dans les communautés religieuses l'opposition des caractères, les incertitudes de l'avenir, ou les embarras d'une position mal assurée. L'abbé Joubert réunissait toutes ces qualités. Plein de respect pour les règles qu'il trouvait établies, il croyait qu'il valait mieux chercher à en tirer le meilleur parti possible, que de s'exposer, en y touchant, à en affaiblir le nerf et la vigueur. Doué de ce sage tempérament qui craint de brusquer les choses, et aime mieux attendre du temps les améliorations jugées nécessaires, que de les emporter de vive force, il savait par sa patience, ses ménagements et son adresse, obtenir les concessions ou les mesures qu'il jugeait indispensables ou utiles. Sans entrer dans le détail des choses, ce qui répugnait à son esprit large et élevé, il les prenait de haut, les considérait dans leur ensemble, et faisait moins attention aux résultats présents qu'aux effets qui devaient se produire dans l'avenir.

Plusieurs lui ont reproché, je le sais, une condescendance excessive, trouvant qu'il se laissait plutôt mener par les supérieures des communautés dont il était chargé, qu'il ne les dirigeait lui-même ; c'est une erreur. L'abbé Joubert comprenait d'une manière très juste et très large en même temps la position d'un supérieur de communauté : il croyait avec raison que sa mission était de maintenir et de contenir, plutôt que de com-

mander et de gouverner. Il savait que les communautés
religieuses, et en particulier les supérieures chargées
de les diriger, entendent mieux généralement la règle
de leur institut, et sont plus pénétrées de son esprit
qu'un prêtre, quelque pieux et éclairé qu'il soit d'ailleurs. Il était donc disposé, et par la nature de son
esprit, et par ses convictions, à recevoir avec déférence
leur avis dans toutes les affaires importantes. Mais il
savait, malgré cela, être ferme quand il le fallait, et
prouver par une conduite vigoureuse, que sa modéra-
tion et sa condescendance habituelles n'étaient point
l'effet de la faiblesse. Au reste, si l'on doit juger d'une
œuvre par ses fruits, l'abbé Joubert est absous; et l'état
florissant des communautés dont il fut chargé, démontre
la sagesse de sa conduite à leur égard.

Deux entre autres furent l'objet spécial de ses affec-
tions et de ses soins : le Bon-Pasteur et la congrégation
de Sainte-Marie. Il les aima de préférence, parce qu'elles
avaient plus besoin de lui : puis, comme il arrive toujours en pareil cas, il s'y attacha plus encore, en raison
du temps, des sollicitudes et des soins qu'elles lui
avaient coûtés. Il les aimait comme son œuvre, comme
le fruit de ses travaux, de ses prières, de ses larmes et
de ses veilles. Il pouvait bien dire avec l'apôtre, aux
religieuses de ces deux congrégations, qu'il les avait
enfantées dans la douleur. Il suivit à l'égard de chacune
d'elles une conduite bien différente, ce qui prouve qu'il
savait varier ses moyens d'action selon les occurrences,
et prendre, quand il le fallait, le rôle de réformateur.
Sous sa direction, la règle de la congrégation de Sainte-
Marie fut modifiée d'une manière avantageuse, qui, en
fortifiant l'esprit dans lequel cet institut avait été fondé,

lui permit de prendre de plus amples développements. Il trouva dans la supérieure générale un concours efficace et éclairé. Il l'avait connue à Beaufort, où elle avait été supérieure locale, pendant qu'il y était curé, et il avait pu apprécier ses éminentes qualités. Femme de tête et de cœur, elle entra parfaitement dans les desseins de l'abbé Joubert, dont les lumières et la prudence lui inspiraient une confiance sans bornes. Il s'établit entre ces deux âmes une douce correspondance de sentiments et de pensées, qui faisait qu'ils étaient sûrs d'être de la même opinion sur toutes les choses importantes, et que chacun d'eux, en communiquant à l'autre ses idées, semblait plutôt répondre à une question que lui demander son avis. Sous la direction commune de ces deux esprits si bien faits pour se comprendre, l'institut prit bientôt une nouvelle forme et de nouveaux accroissements. Leur union dans ce travail commun fut si intime, leurs idées et leurs vues si homogènes, qu'il serait difficile de prononcer quelle est la part de chacun d'eux, dans les progrès de cette congrégation, et dans l'état de prospérité dont elle jouit aujourd'hui.

Ses rapports avec l'institut du Bon-Pasteur et sa supérieure générale ne furent ni moins élevés ni moins intimes, quoique d'une nature différente. Avec celle-ci, comme avec la supérieure de Sainte-Marie, il marcha toujours dans un accord parfait, avec cette différence toutefois qu'il suivit la première, lui tenant la main pour l'empêcher de marcher trop vite, tandis qu'il précédait la dernière, lui tenant également la main pour l'attirer à lui. La supérieure du Bon-Pasteur, grande par le cœur et par la tête, et plus grande encore par la

volonté, joignant à des idées hautes et larges une cous-
tance que rien ne peut lasser, et qui s'enhardit devant
l'obstacle, avait besoin d'une main douce et ferme à la
fois, qui pût la diriger sans la contraindre, et la retenir
sans la comprimer. La tête pleine de vastes projets, le
cœur dévoré de cette sainte ambition du bien qui con-
sume les grandes âmes, il lui fallait pour appui une
tête calme et rassise, qui, tout en comprenant ses élans
et ses idées, pût les retenir dans de justes bornes, et un
cœur dévoué et bienveillant qui pût partager avec elle
le fardeau des grandes entreprises qu'elle méditait, la
consoler dans ses peines, la relever dans ses défail-
lances, et tenir toujours son courage à la hauteur de
sa mission.

Aucun homme ne lui convenait mieux sous ce rapport que l'abbé Joubert. Il ne tarda pas à connaître la
femme avec qui il avait à faire. Non-seulement il la
comprit, mais il l'accepta telle qu'elle était, avec ses
grandes qualités, comme aussi avec les inconvénients
qui pouvaient en résulter. Car Dieu, afin de nous prémunir contre les séductions de l'orgueil ou de la va-
nité, a construit notre cœur, si j'ose m'exprimer ainsi,
sur le plan d'une horloge, dont le mécanisme fonc-
tionne par le jeu de deux poids, dont l'un monte pendant que l'autre descend, et qui se font ainsi équilibre.
A chacune des bonnes qualités dont il nous a doués,
il attache, je ne dirai pas un défaut ou une imperfec-
tion, car ce qu'il fait est toujours bien, mais un in-
convénient, qui nous tient en haleine, et nous avertit
de veiller sur nous-mêmes, afin que nos vertus ne se
détruisent point elles-mêmes par leur excès, mais
qu'elles restent toujours dans ce juste milieu qui les

constitue. Personne ne comprenait mieux que l'abbé Joubert cette disposition du cœur humain; personne ne l'acceptait plus sincèrement que lui, et ce qui le prouve, c'est que la plupart de ses amis les plus intimes avaient une forme d'esprit et de caractère opposée à la sienne. Personne ne savait mieux que lui se dégager de ses propres idées pour entrer dans celles des autres. J'insiste sur cette qualité, parce qu'elle est très rare, et qu'elle est l'indice le plus certain d'un esprit éminent.

Avec ce coup d'œil qui le distinguait, il reconnut tout de suite la supériorité de la mère Euphrasie, et il sentit qu'en associant ses efforts à ceux de cette femme remarquable, et en travaillant de concert avec elle, ils pourraient faire ensemble de grandes choses. L'événement a justifié cette prévision, et toutes les maisons du Bon-Pasteur, répandues aujourd'hui dans les diverses parties du monde, reconnaîtront avec moi qu'une partie de la gloire et de la prospérité de leur ordre est due aux soins et à la direction de l'abbé Joubert. Je puis encore invoquer ici comme témoin le cardinal Fornari, de sainte et illustre mémoire, qui me parlant un jour de tout ce que l'abbé Joubert avait fait pour le Bon-Pasteur, ajouta : « Vous pouvez lui dire qu'il est l'ange du Bon-Pasteur, et que n'eût-il d'autre mérite à présenter au tribunal de Dieu que celui-là, il suffirait pour lui donner une belle place dans le ciel. »

La dernière œuvre à laquelle ait contribué l'abbé Joubert, c'est l'établissement des capucins dans le diocèse d'Angers. Plusieurs, même parmi ceux qui sont chrétiens d'esprit et de cœur, sont persuadés que les ordres religieux, et particulièrement les mendiants, ont fait leur temps, qu'ils sont une anomalie et une superfétation dans notre siècle; que la vue d'un capucin, avec ses pieds nus et ses habits rapiécés, a quelque chose de repoussant, qui porte en quelque sorte au mépris, non-seulement de la personne, mais encore de la religion; que le clergé séculier suffit à tous les besoins, et que c'est lui faire injure en quelque sorte que de réclamer le concours des ordres religieux.

Je comprends parfaitement l'objection, et je la trouve même juste à un certain point de vue. Oui, c'est vrai, la vue d'un capucin a quelque chose de pénible, et j'avoue que j'ai été moi-même souvent blessé, en voyant ces religieux passer à côté de moi. Blessé! ce n'est peut-être pas le mot qui convient ici; je devrais plutôt dire humilié. Si la vue d'un pauvre est déjà une épine et presque un reproche pour le cœur du riche; si celui-ci se trouve moins à l'aise sous ses habits propres et chauds, ou près du feu qui pétille sous sa cheminée de marbre garnie de glaces et de flambeaux, lorsqu'il vient de voir grelotter sous ses haillons un indigent exténué par le besoin, l'épine est plus acérée encore, lorsque ce pauvre l'est volontairement et par choix, lorsqu'ayant reçu la même éducation que lui, et pouvant comme lui jouir des aises de la vie, il les méprise et les foule aux pieds. Non, je ne connais point d'insulte plus sanglante pour notre délicatesse, pour notre amour des jouissances, que la vue de ces moines importuns. Il y a au fond de tout cœur humain, quel qu'il soit, quelque chose qui se soulève à ce spectacle, et il faut qu'un second mouvement refléchi, et meilleur que le premier, vienne le réprimer, pour que la raison et la justice reprennent leurs droits.

Mais au-dessus de ce point de vue, il en est un autre

plus large et plus élevé, d'où l'on voit autrement les choses. L'esprit, en s'y plaçant, ne tarde pas à comprendre que les ordres pauvres ne furent jamais plus nécessaires qu'aujourd'hui, et qu'ils sont le meilleur préservatif contre le socialisme. Si l'on pouvait persuader à ceux qui n'ont rien que leur sort n'est pas aussi déplorable qu'ils le croient, que la fortune ne fait pas le bonheur, et que les soucis voltigent sous les lambris dorés des palais, tout aussi bien que sous le chaume de la cabane de l'indigent, on leur ôterait l'envie et l'amertume dont leur cœur est plein à l'égard des riches; et ceux-ci n'auraient plus à craindre les effets de cette jalousie qui ronge les premiers. Lorsque saint François fonda son ordre, les choses étaient à peu près ce qu'elles sont aujourd'hui; avec cette différence, que les communistes de ce temps-là s'appelaient Albigeois, Vaudois, Patarins, Pauvres de Lyon, etc. Mais leurs doctrines et leurs procédés étaient les mêmes. Or, tandis que Simon de Montfort employait contre les communistes du XIIIe siècle, les moyens de répression dont le général Cavaignac s'est servi sous nos yeux, contre ceux du XIXe, saint François et saint Dominique fondaient une autre milice, dont l'action lente, pacifique, mais plus profonde et plus sûre, finit par réconcilier les pauvres avec leur état, en rendant à la pauvreté sa vraie signification, celle qui est indiquée dans l'Evangile. Au reste, ce qui prouve mieux que tous les raisonnements la grande utilité des ordres pauvres au XIXe siècle, c'est que les capucins n'ont obtenu nulle part des résultats aussi heureux que dans les villes travaillées par le socialisme. Ils voient accourir dans leurs églises les pauvres, qui, retrouvant en eux des frères et des amis, se sentent plus à l'aise, et peuvent sans rougir étaler leurs haillons en présence de la robe rapiécée des fils de saint François.

L'abbé Joubert avait compris toutes ces choses. S'il était une nature qui dut éprouver peu de goût pour les capucins, c'était certainement la sienne. Mais comme tous les esprits élevés, et les cœurs sincèrement chrétiens, il savait se placer au-dessus de la nature, et considérer les choses de plus haut. Dès qu'il vit que l'établissement de ces religieux à Angers était possible, il y travailla de tout son pouvoir; et ceux qui ont été témoins du zèle qu'il déploya en cette circonstance, reconnaissent que jamais ils ne l'avaient vu si actif ni si empressé. Il paraissait être sorti de son caractère patient et réservé, tant il avait de sollicitude pour cette œuvre, dont il comprenait toute l'utilité. Il jouissait aussi d'avance de l'éclat qui devait en rejaillir sur l'épiscopat de son évêque, dont la gloire lui était mille fois plus chère que la sienne propre : et il s'indignait avec raison contre ceux qui osaient accuser ce pieux prélat, de voir avec indifférence une institution qui devait couronner d'une manière si glorieuse toutes celles dont il a doté ce diocèse. Il semblait avoir un pressentiment de sa fin prochaine, tant il avait hâte de voir la conclusion de cette importante affaire. C'était la dernière en effet à laquelle il devait mettre la main. Après y avoir concouru de ses conseils, de ses efforts et de son argent, il put dire à Dieu avec l'apôtre : « J'ai combattu le bon combat, j'ai achevé ma course, j'ai gardé la foi, il ne me reste plus qu'à attendre la couronne de justice qui m'est réservée, et que le Seigneur, comme un juste juge, me rendra un jour. » Sa carrière était achevée, la mesure de ses jours et de ses bonnes œuvres était comble; il venait de s'assurer dans saint François un protecteur et un ami de plus dans le ciel, il pouvait mourir; car toutes les œuvres auxquelles il s'était intéressé étaient prospères et florissantes, ou du moins assurées. Tous les membres de sa famille étaient établis et heureux; il pouvait être tranquille sur leur sort, et c'était là une grande sollicitude de moins pour son cœur.

Depuis quelques années déjà, ses amis apercevaient en lui les traces d'une vieillesse prématurée. Son âme, à qui l'inaction pesait, réagissait avec courage contre la faiblesse de sa constitution, usée par le travail. Et ceux qui lui conseillaient le repos, ignoraient qu'il aurait consumé bien plus promptement encore le peu de forces qui lui restaient, et n'aurait fait que hâter le moment de sa mort. Déjà plusieurs indispositions avaient trahi chez lui une faiblesse qui donnait lieu de craindre que si une maladie, une fièvre un peu violente venait à le surprendre, il ne pût y résister. Ces craintes n'étaient que trop fondées, et quatre jours de fièvre ont suffi pour éteindre cette lampe qui n'avait plus que quelques gouttes d'huile. Il semblait avoir depuis quelque temps un vague pressentiment de sa mort; et dans les derniers jours qui ont précédé sa courte maladie, il recommanda à plusieurs de ses pénitents, avec un accent tout particulier qui les frappa, de prier pour lui. Il dit aussi à une pieuse personne qu'il dirigeait, de se préparer à offrir à Dieu un grand sacrifice. Elle ne comprit point dans le moment ce qu'il voulait lui dire, et ce fut l'événement qui lui donna le sens des paroles prophétiques et mystérieuses qu'elle avait entendues.

La mort ne le surprit point; il y était préparé par une vie pure et pleine de bonnes œuvres. C'était néanmoins une mission délicate et pénible de lui annoncer le danger où il était : car il était attaché à la vie, non de cet attachement grossier des âmes vulgaires, mais par un sentiment légitime et délicat. Quoiqu'elle eût été semée pour lui de beaucoup de difficultés et de peines cachées, elle lui avait été douce, parce qu'il avait toujours conservé ce qui fait l'élément principal du bonheur qu'il est donné à l'homme de goûter icibas, savoir la paix avec Dieu et la joie d'une bonne conscience. Avec cela, le cœur est fort contre les afflictions et les épreuves qui viennent l'assaillir; et l'âme, malgré ses agitations et ses nuages, garde en son fonds le plus intime je ne sais quel calme doux et serein, qui fait aimer la vie. L'abbé Joubert l'aimait encore à cause du bien qu'il y faisait, à cause des âmes qu'il soutenait, qu'il consolait, qu'il dirigeait, et qui s'étaient attachées à lui par le double lien de l'estime et de la reconnaissance. Il lui en coûtait de se séparer, et de sa famille, pour laquelle il était si dévoué, et de cette autre famille plus nombreuse, qui lui était née, non de la chair et du sang, mais de Dieu et de la charité. C'était donc, je le répète, une mission délicate de le prévenir de l'état où il était. Aussi ce fut son évêque qui voulut la prendre sur lui. Malade lui-même, et accablé plus encore par la douleur que par le mal dont il souffrait, le digne prélat se traîna péniblement dans la chambre du malade; et n'écoutant que son courage et son affection pour lui, il lui déclara que s'il avait quelques dispositions à faire, il était temps d'y songer. L'abbé Joubert comprit aussitôt la gravité du danger : mais ses dispositions matérielles étaient bien faciles à prendre, car il ne laissait pas même assez d'argent pour payer les frais de sa sépulture. Saint François avait eu sa dernière aumône, et cette aumône était à peu près tout l'argent qui lui restait.

Cependant la maladie, qui semblait s'être arrêtée un instant, reprit tout à coup une nouvelle intensité le vendredi 27 août, après midi, et l'on se hâta de lui donner les derniers sacrements. Il les reçut vers trois heures et demie, à l'issue des vêpres du chapitre, en présence de celui-ci et avec une pleine connaissance. Il avait quelques instants auparavant demandé un livre où il lut quelques prières, afin de se préparer à cette action suprême. Il remercia en peu de mots le chapitre du témoignage de sympathie qu'il lui donnait, et l'on vit bien à sa voix éteinte qu'il n'avait plus que peu d'instants à vivre. Le Père Gautier, son directeur, qui n'avait pas eu le temps d'arriver pour le confesser avant qu'il reçut les sacrements, tant les progrès du mal avaient été rapides, put encore s'entretenir avec lui, et il fut tellement édifié des sentiments du pieux malade, qu'en sortant de sa chambre, il dit à la famille éplorée : « Vous aurez bientôt un saint dans le ciel! » et l'on sait que celui-là se connaît en fait de sainteté. Ce fut un spectacle bien touchant de voir ce saint religieux, perclus de presque tous ses membres, se traîner auprès du moribond, pour lui donner les dernières consolations d'une amitié constante et dévouée. M. l'abbé Roger, directeur au Séminaire, qui absent d'Angers depuis quelques jours, avait appris à son retour l'état où se trouvait l'abbé Joubert, accourut vers lui, et lui adressa d'une voix émue quelques paroles d'édification.

Ce furent les dernières qu'il entendit, car pendant qu'elles lui étaient adressées, il rendit doucement son âme à son Créateur. Dieu lui épargna les rudes combats de l'agonie, et aucun mouvement, aucune convulsion ne trahit le coup de la mort.

Il est mort, on peut le dire, avec la plénitude de ses facultés : et c'est une des plus douces consolations pour ceux qui l'ont aimé sur cette terre, de savoir qu'il ne s'est point survécu à lui-même, et que cette belle intelligence n'est point restée enfouie et éteinte sous un corps infirme et languissant, mais qu'elle est passée, de la lumière que donnent ici-bas la raison et la foi, aux ineffables clartés de la vision céleste. Il est mort comme un vaillant soldat, sur la brèche, les armes à la main, épuisé de fatigue et couvert de blessures. Il avait encore dit sa messe et confessé plusieurs personnes le dimanche, c'est-à-dire cinq jours avant sa mort, et le lundi il avait écrit plusieurs lettres, dont le style et l'écriture étaient loin de faire soupçonner qu'il n'avait plus que quelques jours à vivre. Il est mort entouré de ceux qu'il aimait, de sa sœur et de son beau-frère, et des religieuses de Sainte-Marie, qui l'avaient soigné avec un dévouement et une piété toute filiale. Il est mort la veille de sa fête, au moment où sa famille la lui aurait souhaitée, s'il avait été bien portant ; mais Dieu voulait pour cette fois que ce fussent les anges qui la lui souhaitassent au ciel. Il est mort le jour où venait au monde un petit neveu, qui en augmentant sa famille, préparait pour l'avenir à son cœur de nouvelles joies et de nouvelles espérances. Pendant qu'il rendait son âme à Dieu, cet enfant recevait la vie de la grâce dans le baptême ; il a pu, en montant au ciel, voir couler l'eau sainte sur son front, et inaugurer la nouvelle vie où il entrait, en remerciant Dieu du nouveau bienfait qu'il accordait aux siens. C'est ainsi que les générations se poussent et se succèdent. Celui qui meurt est remplacé par celui qui naît ; mais il y a dans le juste et l'homme de bien quelque chose qui ne meurt point : c'est le souvenir de ses vertus et de ses exemples, car, selon la parole du Psalmiste, le juste laisse après lui une mémoire éternelle.

L'abbé Joubert avait une taille élevée, noble, majestueuse. Son front haut et proéminent annonçait les plus belles qualités de l'esprit, et il n'est pas de phrénologue qui ne le lui eût envié. Sa tête dénudée indiquait une intelligence qui avait beaucoup pensé, un cœur qui avait beaucoup senti : mais la placidité habituelle de ses traits, la douceur de son regard et la grâce de son sourire révélaient une âme qui avait su toujours se posséder, et n'avait jamais connu le remords. Ses épaules un peu rentrées semblaient ployer sous le poids d'un fardeau : c'est qu'en effet il avait porté dans sa vie bien des soucis et des peines. Sa démarche était grave, digne, sans avoir rien d'affecté. Sa conversation était agréable, fine, enjouée : on y voyait briller surtout le trait le plus saillant de son caractère, la bonté et l'indulgence ; car jamais il ne parlait du prochain que pour le louer s'il y avait lieu, ou pour l'excuser s'il avait fait quelque faute. Comme il était très distrait, et qu'il avait d'ailleurs beaucoup de préoccupations et de soucis, il cherchait, dans ses entretiens avec ses amis, plutôt à se recréer qu'à s'instruire : aussi passait-il facilement d'un sujet à un autre, de sorte

que le discours n'avait point cette suite et cet enchaî-
nement que l'on trouve ordinairement chez les hommes
instruits et sérieux. Il aimait la plaisanterie; mais cette
arme, qu'il savait manier avec adresse, n'était jamais
offensive entre ses mains; elle n'allait point jusqu'à
blesser celui qui en était l'objet; jamais non plus elle
n'excitait ce gros rire que provoquent les esprits vulgaires; elle effleurait doucement l'esprit sans attaquer
le cœur, et ceux à qui elle s'adressait, loin de s'en offenser, y discernaient au contraire les marques d'une
bonté particulière pour eux. Presque toujours en effet
ceux qu'il prenait pour but de ses traits fins et gracieux,
étaient précisément ceux qu'il aimait davantage. Si parfois
il s'apercevait qu'il avait blessé sans le vouloir, il per-
dait aussitôt contenance, et devenait plus confus et plus
embarrassé que celui qu'il avait offensé par mégarde.

Personne ne savait mieux que lui se mettre au-dessus
de ses propres impressions, soit dans les jugements
qu'il portait sur les hommes et les choses, soit dans sa
conduite. Cette qualité, si précieuse pour un supérieur,
il la portait à un degré que l'on rencontre rarement
parmi les hommes les meilleurs et les plus distingués.
L'envie et la jalousie, ces sentiments des âmes basses
et vulgaires, lui étaient complétement inconnues. Personne ne s'associait plus sincèrement que lui aux
succès des autres, surtout à ceux des jeunes prêtres.
Il jouissait d'avance, comme un bon père, des espérances qu'ils donnaient : il relevait leurs qualités,
atténuait leurs imperfections et finissait par dire :
« Attendez que l'âge vienne, le temps mûrira ce qu'il
y a de bon chez eux, et corrigera leurs défauts. »

Le vice seul soulevait en lui des répugnances que sa

volonté, si accoutumée cependant à se vaincre, ne pouvait dissimuler; et le dégoût que lui inspiraient les actions basses et les hommes vicieux, se trahissait chez lui par un signe particulier facile à reconnaître. Mais lorsqu'il était sûr de la vertu d'un homme, il lui passait, avec une indulgence toute maternelle, ces petites misères, ces faiblesses de caractère, ces oublis, ces négligences, dont les meilleurs ne savent pas toujours se préserver.

Il était inaccessible aux rapports, faux la plupart et calomnieux, dont l'oreille du prêtre est souvent obsédée, et qui, s'il n'y fait attention, finissent par préoccuper son esprit, et prévenir son cœur d'une manière fâcheuse contre ceux qui en sont l'objet. S'il ne veille attentivement sur lui-même en ce point, s'il ne décourage dès le commencement les porteurs de nouvelles par une conduite ferme, digne et énergique, il se voit bientôt entouré d'un petit cercle de femmes curieuses et indiscrètes, qui viennent débiter chaque jour ce qui se fait, ce qui se dit dans la paroisse. S'il les écoute, même avec l'intention de discerner le vrai du faux, et de tirer profit pour le bien des âmes, de ce qu'on lui rapporte, il ne tarde pas à prendre, sans s'en apercevoir, les impressions qu'on lui suggère, et bientôt il se voit engagé dans un dédale de soupçons, de craintes, d'inquiétudes, de difficultés et de soucis, dont il ne sait plus comment se tirer. Il se forme autour de lui et au-dessus de lui, une influence étrangère et délétère à la fois, qui le domine, et qu'il croit diriger. Son caractère s'aigrit, son autorité s'affaiblit, son ministère est déconsidéré, la confiance et le respect s'éloignent de lui, et il finit par se trouver dans un isolement complet, n'ayant autour de lui que quelques personnes d'un esprit et d'un cœur étroit, qui flattent ses préjugés, et lui renvoient le reflet de ses propres pensées, et l'écho de ses propres sentiments. L'abbé Joubert ne connut jamais cette petitesse, jamais les propos légers et inconsidérés à l'égard du prochain ne montèrent jusqu'à son esprit ou à son cœur. Jamais prêtre ne fut plus libre que lui de cette servitude, qui soumet bien souvent les esprits faibles à ceux qui les flattent et les abusent.

Je ne parlerai point ici de la pureté de son cœur et de sa vie. Je me contenterai de dire que jamais le moindre soupçon ne l'a atteint sous ce rapport. Il était en ce point d'une délicatesse excessive, et ce que j'admire le plus en lui, c'est moins encore sa vertu, que la prudence avec laquelle il sut prévenir toutes les attaques de la malignité.

J'ai dit déjà plus haut que l'abbé Joubert, par une disposition bien rare, avait acquis jusqu'au dernier jour de sa vie, et que son esprit n'avait jamais cessé de progresser, dans la véritable acception de ce mot. Il avait à la fin l'esprit et le cœur plus larges, des idées plus saines, plus justes et plus élevées qu'au commencement. Ses progrès étaient lents, mais sûrs et continus. Son esprit n'avait point la nature de l'éponge qui s'imbibe et s'emplit en quelques instants du liquide où on la met, mais qui, pressée sous une main ferme, le laisse échapper avec la même promptitude. Il ressemblait plutôt au sol que l'eau pénètre lentement, mais qui garde dans ses profondeurs celle qu'il y a reçue.

Il y avait dans l'esprit de l'abbé Joubert et dans son

instruction une lacune dont il s'était aperçu trop tard
pour entreprendre de la combler. Il manquait de goût,
et le côté esthétique des choses lui échappait complétement. Cette lacune se rencontre fréquemment chez
les esprits voués à la recherche et à l'étude de la vérité, et elle semblerait au premier abord infirmer cette
parole de Platon, si souvent répétée depuis lui, que le
beau est la splendeur du vrai. Trop souvent, en effet,
les hommes préoccupés de pensées sérieuses et élevées,
ou livrés aux investigations de la science, paraissent
dédaigner comme frivoles, ou craindre comme dan-
gereuses les jouissances de l'art. On dirait, à les voir,
qu'ils croiraient profaner la vérité, ou du moins dé-
roger à sa dignité, en empruntant à l'art ses charmes,
pour la rendre plus accessible aux autres. Et cependant
l'art tient de si près au dogme dans le culte catholique,
que l'étude des règles fondamentales et des principes
qui le constituent, devrait entrer comme partie inté-
grante dans les études du prêtre. Les effets de
cette lacune étaient atténués chez l'abbé Joubert par
la connaissance qu'il en avait, et par la simplicité avec
laquelle il en convenait. Cette connaissance le rendait
modeste et réservé, dans toutes les questions où l'art
était plus ou moins intéressé; il avait le bon esprit de
retenir son jugement, et de s'en rapporter à celui des
autres. Ignorer a peu d'inconvénients, lorsqu'on sait
qu'on ignore; il n'y a de dangereux que l'ignorance
qui s'ignore elle-même.

Il savait du moins, ce qui est très important en cette
matière, que le goût n'est pas une chose arbitraire,
qu'il n'est pas non plus un pur don de la nature, mais
qu'il a des règles qui s'apprennent par la théorie et

par la pratique; qu'il se forme par l'étude des chefs-d'œuvre, en chaque genre de beauté, et par leur comparaison. Mais il savait en même temps qu'après un certain âge, cette étude est plus difficile, parce que l'imagination plus directement intéressée dans ce travail, a perdu de sa vivacité; tout en regrettant de l'avoir négligée dans sa jeunesse, il croyait qu'il était trop tard pour commencer; et il aimait mieux s'en rapporter au jugement des autres, que d'employer sans espoir de succès un temps précieux, pour apprendre à juger par lui-même. Le sens esthétique est une des choses les plus rares aujourd'hui, et ce qui rend ce défaut plus saillant, c'est la témérité avec laquelle tant d'hommes se permettent d'avoir une opinion et un jugement dans des matières qu'ils n'ont point étudiées.

Sa piété était douce, pleine de confiance et de suavité, toute imprégnée de miséricorde et d'indulgence. Il savait la faire aimer des autres, par la manière dont il la pratiquait lui-même. Il n'était point étranger à ces vifs mouvements du cœur, à ces tendres effusions de l'âme, qui se trahissent parfois dans la prière : et peu de temps avant qu'il tombât malade, une oreille pieusement indiscrète surprit le secret de son cœur, et l'entendit, pendant qu'il priait seul dans sa chambre, s'écrier avec l'accent d'une naïve confiance : « O Marie, que vous êtes bonne! Oui, vous êtes la meilleure de toutes les mères. »

Comme tous les prêtres vraiment pieux, il avait pour les âmes pieuses une estime singulière. Leur jugement et leur opinion avaient à ses yeux un grand poids, même dans les questions où un esprit plus sec et moins large que le sien, eut peut-être décliné leur compétence. Il savait que la piété donne des lumières, des instincts surnaturels qu'il est dangereux de mépriser, qu'elle forme dans l'esprit certains préjugés lumineux, et plus sûrs quelquefois, que les convictions puisées dans une science incomplète ou orgueilleuse. Il n'avait pas oublié que l'Eglise elle-même, par une attention délicate pour ces âmes privilégiées, a une censure toute particulière pour ceux qui offensent leurs oreilles par quelque proposition hardie, et que saint Paul a dit en parlant d'elles, que l'homme spirituel juge de tout et n'est jugé par personne.

L'abbé Joubert a eu l'inappréciable avantage d'être aimé pendant sa vie et pleuré après sa mort, comme le sont les saints. Il a inspiré de ces attachements vifs, profonds, chastes et énergiques, que les saints seuls savent éveiller; et si la discrétion ne m'imposait une réserve que je ne veux pas trahir, je pourrais citer ici de nobles âmes, chez qui sa mort a fait un vide que rien ne pourra plus combler, et qui emporteront avec elles jusqu'au tombeau le secret d'une douleur aussi pure que l'affection d'où elle a fleuri, si pure qu'elle ne peut être confiée qu'à Dieu, et que tout regard humain la profanerait. Enfin, pour terminer un portrait si édifiant que j'ai tâché de rendre fidèle, j'ajouterai ce trait qui résume tous les autres : c'est qu'après une vie de soixante-quatre ans, il a pu se rendre ce beau témoignage, qu'il n'avait jamais blessé ni scandalisé personne. Et cependant, soit comme curé de Beaufort, soit comme grand-vicaire, il s'est trouvé bien des fois dans la triste nécessité, ou de reprendre ceux dont la conduite méritait quelque blâme, ou de refuser un service qu'on lui demandait. Mais il savait mettre tant de grâce dans ses refus, que l'homme le plus mal disposé ne pouvait s'en offenser; et d'un autre côté, il l'exprimait avec tant de fermeté, que l'on voyait aussitôt qu'il était inutile d'insister. Il a eu le précieux et rare privilége de plaire aux hommes sans déplaire à Dieu, et d'emporter avec lui les regrets de tous ceux qui l'ont aimé, et l'estime de tous ceux qui l'ont connu. Il a réalisé sur la terre le chant sublime des anges au-dessus du berceau du Sauveur, car il a donné beaucoup de gloire à Dieu dans le ciel, et la paix à beaucoup d'âmes sur la terre.

ANGERS. — IMP. DE COSNIER ET LACHÈSE.